27
Ln. 12718.

ÉLOGE

DE M. EDMOND DE LIMAIRAC,

PAR

M. le Comte FERNAND DE RESSÉGUIER.

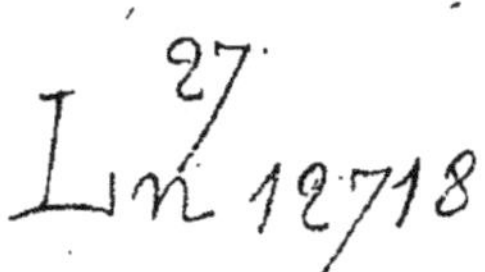

MESSIEURS,

Ce doit être une chose bien embarrassante que de louer les hommes qui ne méritent pas d'être loués.

Heureusement, Messieurs, je n'ai point cet embarras. Je viens, au nom de l'Académie, dire ce que fut parmi nous M. de Limairac; je viens offrir à vos yeux la vie d'un homme de bien chez lequel les meilleures facultés de l'esprit s'unissaient à une rare élévation de caractère. Le chemin qu'il suivit fut cette ligne orientée vers le bien, qui ne conduit pas toujours au succès, mais qui mène certainement à l'honneur. La mobilité des événements ne dévoila que l'unité et la fixité de ses principes. Son mérite, d'ailleurs, fut plein de modestie, sa fermeté respira la douceur, et son indépendance fut alliée à une modération qui lui concilia l'estime de ses adversaires.

Aussi, cet homme excellent fut aimé de tous; une grande considération s'est attachée à son nom, et à cette heure où je vous parle de lui , je sens qu'un courant de sympathie commune nous unit tous ici.

Je voudrais donc être l'interprète d'un sentiment qui est le vôtre, répondre à ce que vous attendez vous-mêmes : je suis certain d'honorer dignement celui dont je vais retracer la carrière, s'il m'est accordé , Messieurs , de dire de lui le bien que vous en pensez.

Du reste , l'appréciation que nous faisons d'un homme est toujours une œuvre sérieuse et difficile. Sans doute , quelque éminent qu'on le suppose , vu d'en bas , c'est-à-dire mêlé aux événements de ce monde et dans l'ordre successif du temps qui entraîne tout , un homme est peu de chose ; — il est bientôt perdu dans la foule et bientôt oublié ; — mais, vu d'en haut , c'est-à dire eu égard à Dieu qui mesure tous les efforts , qui tient compte de toutes les aspirations généreuses , la vie d'un homme est l'étude la plus féconde et la meilleure que nous puissions tenter. En effet, que d'enseignements dans ces contrastes , dans ces mérites cachés , dans ces renommées stériles ! et qu'il est rare celui qui comparé à d'autres hommes , grandit ; qui mis en face des vicissitudes de son temps, les domine et ne les subit pas ; celui qui répondant enfin à la mission qu'il reçut d'en haut, si minime qu'elle fût, sut à toute heure être un instrument utile aux desseins de la Providence dans la voie de la justice !

CHARLES-JEAN-EDMOND DE LIMAIRAC naquit en 1804.—Il était le fils aîné d'un homme qui nous est particulièrement cher : notre Compagnie le comptait au nombre de ses Mainteneurs. D'origine languedocienne , cette famille s'était fait remarquer dans le Capitoulat toulousain. Chez elle, le sentiment du devoir accompagnait d'ordinaire les qualités de l'intelligence , et un heureux privilége qu'elle maintenait encore alors que tous les priviléges de la naissance tombaient , assurait aux fils l'intégrale transmission des vertus austères , des mœurs irréprochables qui pour les pères avaient été la source d'une permanente supériorité.

Une mère dont la piété a laissé de grands exemples dans la société de notre ville , éleva cet enfant. Avant les leçons utiles , il reçut les vérités nécessaires. Le développement de son cœur précéda celui de son esprit , et lorsque plus tard il grandit , et que devant lui s'ouvrirent les champs qui sont le domaine plus spécial des spéculations de l'intelligence et des enthousiasmes de l'imagination , il s'y élança , certain désormais de ne s'y point égarer.

A ne consulter que l'heure propice de sa naissance, que le milieu qui l'entourait, que la vigilance qui planait sur lui , le bonheur de sa destinée paraissait assuré. Mais le jour de l'épreuve ne dépend pas de nous ; il pouvait venir , et cette mère prudente voulut armer l'âme de son fils contre la fortune adverse. Prévoyance bien digne d'être remarquée ; car les déceptions ne lui manquèrent pas dans la suite , et il eut plus d'une fois à faire appel aux consolations que procurent les sentiments religieux.

Ainsi , Messieurs , lorsqu'on dit que l'éducation des enfants est un mystère , on a raison ; lorsque les parents tremblent en songeant aux chères destinées qui leur sont confiées , leurs craintes sont fondées ; mais je me rassure , cependant , si je puis croire que dans cette œuvre mystérieuse , en effet , Dieu intervient providentiellement sous la forme de la mère chrétienne , et donne à sa tendresse comme une puissance de divination.

Les premières études du jeune Edmond de Limairac révélèrent plus d'application que de facilité. Il surprenait ses maîtres plus encore par la force de sa volonté que par ses dispositions naturelles. Le don de la mémoire lui avait pour ainsi dire été refusé, et même cette aptitude au travail qui le distingua et qui fut le secret de tout ce qu'il fit d'utile dans sa trop courte vie, il la dut à son application.

Chose rare, en des temps où la Révolution avait bouleversé les études, d'excellents maîtres prirent soin de lui. L'un d'eux fut l'abbé Savy, plus tard évêque d'Aire, qui avait fondé à Toulouse une école remarquable. Ce fut là qu'Edmond de Limairac se familiarisa avec les langues anciennes. Ses mœurs irréprochables, son caractère doux et franc attirèrent vers lui ses condisciples : il forma dans cette maison des liens qu'il conserva toute sa vie; car la fidélité fut un des traits dominants de son âme où la virilité se mêlait à la tendresse; il y puisa aussi un dévouement sincère à cette ville qui avait été le berceau de son enfance.

De là, il fut envoyé à Paris. — Il avait appris à aimer Dieu, sa famille et sa province; on crut que l'heure était venue de le soustraire aux influences locales qui pouvaient resserrer son horizon, et de le mêler au mouvement d'études plus fortes et plus générales. Dans ce but, il entra au Collége que dirigeait avec éclat l'abbé Liautard. Il en fut un des bons élèves, et ne revint à Toulouse que pour terminer son cours de Droit.

Déjà l'adolescent réalisait quelques-unes des espérances que cet enfant studieux avait fait concevoir. A la candeur et aux hésitations du premier âge, succédait la puissance de la vie; son maintien signalait une maturité précoce; une autorité peu ordinaire donnait du poids à ses discours ; sur son visage se lisait cette première lettre de recommandation qui vous fait naturellement accueillir, et l'honnêteté intérieure qui traversait son regard prouvait bien que chez l'homme la physionomie vient de l'âme, de même que la beauté d'une contrée vient du ciel et du jour qui l'éclaire.

On le voyait prendre une part active à l'association dite *des bonnes Etudes*. Cette association avait été propagée par les soins et sous le ministère d'un homme que notre Académie s'honore d'avoir acclamé dans cette enceinte (1). Son but était de former un noyau de jeunes gens liés par la confraternité du travail et la solidarité des bonnes mœurs. La jeunesse studieuse s'y préparait à la carrière administrative, et s'essayait aux luttes du barreau. M. Delpech, le doyen de notre Faculté de Droit, et le digne abbé Berger, dont le souvenir reste environné d'un parfum de sainteté, la dirigeaient à Toulouse, et tous deux alors signalaient les excellentes dispositions de leur jeune élève.

Vous le voyez, Messieurs, il y a dans les prémices de cette existence, le germe de tout ce qui doit se développer plus tard ; le travail et l'esprit de conduite s'y trouvent dès le début ; et, comme une juste récompense, ce jeune homme voit venir à lui la bienveillance des maîtres les plus recommandables.

Au surplus, ce temps-là était bon pour la jeunesse ; et ceci, Messieurs, n'est pas dans ma bouche un regret de vieillard, la mienne n'avait pas encore commencé. Une ère plus morale et plus franche s'ouvrait pour notre pays. La Restauration, assise sur les ruines que les guerres du premier Empire lui avaient léguées, conviait la France à un travail réparateur ; désireuse

---

(1) M. de Peyronet.

d'effacer le passé, elle offrait à tous la liberté vainement poursuivie et par elle réalisée. On put croire en ces jours-là que le cycle des révolutions allait se fermer ; et comment ne pas le croire , en effet , si l'on se rappelle l'origine de ce pouvoir si national , le soin qu'il prenait de l'honneur du pays , cette arène pacifique ouverte à toutes les aspirations généreuses , et cette tribune éclatante où le patriotisme et le talent venaient si librement discuter les grands intérêts de la France ?

Il ne s'agissait alors ni de fonder un pouvoir despotique , ni de laisser prévaloir une dangereuse anarchie ; mais pour tous l'heure semblait venue de contribuer à un renouvellement complet , où l'esprit du passé fécondant l'esprit de l'avenir , présenterait au pays l'accord désiré des principes de liberté et d'autorité.

Aussi quelles luttes solennelles ! Cette heure apparaît encore comme celle du plus grand combat qui ait été livré de nos jours ; elle fut pleine de grandeur et d'enthousiasme. Les intelligences se passionnaient à l'envi. Si les unes se préparaient à l'attaque , les autres songeaient à la défense ; celles surtout que la sève montante de la vie semblait plus spécialement destiner à l'œuvre restauratrice , se disaient que par elles serait enfin réalisée l'application nouvelle des principes permanents que les Bourbons avaient rétablis.

Ce caractère général de l'époque où M. de Limairac entrait dans le monde le poussait donc à l'action. Il entendit cette grande voix qui remuait la société ; il voulut , dans la limite de ses forces , lui être un instrument utile et appuyer cet effort généreux qui cherchait à ramener la France de l'ébranlement de la révolution à la sécurité de la monarchie.

Il entra dans la magistrature. Cette carrière était

vraiment la sienne. Il y était naturellement prédisposé par son maintien sérieux, sa parole exacte et sa conscience pleine de délicatesse. Elle répondait par la dignité de sa mission à la gravité de son caractère, et par ses applications légales et justes à la droiture de son esprit. Aussi ne tarda-t-il pas à éveiller autour de lui cet encouragement supérieur qui accompagne le mérite reconnu. Son ardeur au travail lui rendit bientôt familier cet art qui consiste à dégager le côté juste et indiscutable des questions les plus complexes, et à répandre la lumière sur des causes où les ressources trop nombreuses de la procédure avaient accumulé l'ombre et l'embarras.

Bien que la charge qu'il occupait lui donnât le droit de rester spectateur des luttes de l'audience, il avait demandé d'être attaché au ministère public. C'était là que chaque jour il faisait ses preuves, et bientôt il fut nommé Conseiller auditeur.

Il n'est peut-être pas inutile de rappeler ici ce qu'était l'auditorat. Cette institution, qui n'existe plus aujourd'hui, a occupé une place importante durant sa courte existence. Notre magistrature contemporaine lui doit plusieurs de ses représentants les plus dignes et les plus capables ; on lui reconnaissait deux avantages, le premier d'imposer certaines limites à l'omnipotence ministérielle, et le second de faire entrer dans la carrière des hommes qui présentaient des garanties et qui se préparaient à remplir des fonctions actives sous la direction et à l'exemple de chefs expérimentés.

Il ne m'appartient pas de dire si la révolution de 1830, qui supprima cette charge, le fit au détriment de notre organisation judiciaire ; mais il me sera permis de rappeler combien fut mal fondé le reproche fait à l'auditorat, d'être pour la Restauration un souvenir de nos grandes compagnies souveraines. La création de cette charge remontait à l'Empire. Et d'ailleurs, en admettant même l'exactitude de l'accusation, faut-il donc toujours croire que l'abolition du passé soit le signe du progrès, et était-il impossible de trouver dans les coutumes de nos vieux Parlements, gloire si légitime de nos provinces, des exemples que notre temps pût imiter? Je vois en eux, pour ma part, une tradition du foyer si sainte et si chère, que vous me pardonnerez, Messieurs, un mouvement de tendresse rétrospective pour cette grande institution.

La Cour royale de Toulouse, aux travaux de laquelle M. de Limairac fut associé, a laissé de bons souvenirs. Sous la présidence d'un homme spirituel (1) qui ajoutait au prestige d'un nom connu dans l'histoire de la magistrature, une grande dignité dans la forme, elle se distinguait surtout par son homogénéité et par les rapports bienveillants qui unissaient entre eux les magistrats qui la composaient. La science du Droit, d'une application toujours si délicate et si haute, offrait en ce temps-là de nombreuses difficultés. Obligés qu'étaient les juges de pratiquer des Codes nouveaux, de tenir compte des droits, des transactions, des injustices même que les bouleversements antérieurs avaient accrus et que la Révolution avait imposés, ce n'était qu'au prix de grands efforts qu'ils parvenaient à remplir leur vigilante mission. Soutenu par une vocation sincère, M. de Limairac se vit accueilli avec faveur; ses débuts furent salués comme les avant-coureurs d'une réussite prochaine, et parmi les jeunes magistrats de cette époque il ne le céda à aucun en conscience et en talent.

____

(1) M. le premier Président Hocquart.

Tout souriait donc à ses premiers pas. Un avancement rapide paraissait devoir en être la conséquence méritée; et aux heures où le devoir étant accompli, ce cœur modeste sondait l'avenir, il devait pressentir une destinée pleine de succès et caresser involontairement de légitimes espérances.

Il n'en fut pas ainsi, Messieurs; la Révolution de 1830, renversant la monarchie des Bourbons, vint poser aux serviteurs de cette race auguste des questions de conscience dont M. de Limairac ne pouvait méconnaître la délicatesse. Dans ces circonstances difficiles, il y eut des hommes honorables dont la conduite s'inspira du danger que courrait la société menacée. — M. de Limairac ne partagea point cette manière de voir. — Il fut guidé par un indiscutable sentiment de loyauté. Il retrouvait, en outre, dans ses souvenirs la carrière de son père qui avait représenté le Gouvernement royal dans plusieurs de nos départements du midi, les bontés personnelles dont les princes l'avaient honoré, et il obéit à une voix intérieure qui lui disait de déposer sa charge.

C'est avec respect que je rappelle cet honorable loyalisme; les luttes de ce temps-là sont loin de nous, et cette sainte fidélité à la foi jurée console dans un siècle où les défaillances et les apostasies ont été si tristement préconisées : se taire d'ailleurs, sur cette conduite, serait méconnaître un des mouvements les plus sincères d'un homme dont l'esprit était tempéré, mais dont le cœur chaleureux s'exaltait volontiers, et qui compta cette action comme la meilleure et la plus désintéressée de sa vie.

Cette détermination modifia profondément l'existence de M. de Limairac; jusqu'alors, le cours facile des choses, les appuis qui l'entouraient, les devoirs de son état avaient, comme des barrières naturelles placées le long de sa route, conduit ses pas. Désormais, il n'allait plus en être ainsi. Il fallait renoncer à une habitude prise, et remplacer le travail qui lui offrait un si noble emploi de son intelligence par un labeur devenu facultatif. A l'exaltation et à la chevaleresque ardeur de laprémière heure succédaient les considérations graves qui le mettaient face à face avec la réalité. Plus son esprit était calme et disposé à saisir le côté utile des choses, plus aussi l'inaction devait lui paraître redoutable ; ne savait-il pas combien l'application est difficile alors qu'elle nécessite chaque jour un effort de volonté vers un but indéterminé? Mais M. de Limairac se connaissait luimême. La réflexion ne fit que le confirmer dans sa résolution première, et certain qu'il n'obéissait pas à une chimère, mais à un libre mouvement de son âme, il se traça un règlement de vie qu'il suivit invariablement.

C'est d'alors que date cette seconde éducation qu'il se donna. Les Lettres, l'Histoire politique et religieuse, les Sciences physiques, la théorie et la pratique agricole devinrent pour lui l'objet des études les plus variées. Les matériaux qu'il prépara dépassent par leur volume ce que bien des hommes instruits ont amassé dans leur vie. Ils témoignent de la sincérité de ses efforts et donnent la mesure de son activité. Ainsi sur tout ce qu'il lisait, il prenait des notes, faisait des observations, ajoutait aux faits ses vues particulières, et en un mot, la plume à la main, ne négligeait rien de ce qui dans le domaine de la Littérature ou de la Science pouvait au besoin orner ou éclairer son esprit.

Et maintenant, si nous mesurons ses travaux, si nous constatons leur influence, devons-nous beaucoup regretter que M. de Limairac ait vu sa carrière se briser devant lui ? Sans doute des succès l'attendaient, son avenir était matériellement assuré ; mais n'est-il pas à croire que son esprit acquit au contact de connaissances si diverses une variété dans les appréciations que la poursuite exclusive d'une science spéciale lui eût peut-être donnée à un moindre degré? Ce qu'il semblait perdre au point de vue particulier, n'est-il pas bien au-dessous de ce qu'il eut ainsi l'occasion d'acquérir au point de vue général?

Ces années furent donc des années de préparation et de travail; à cette époque aussi M. de Limairac se maria. Il épousa une femme dont le cœur dévoué et dont l'esprit plein de charme éclaira sa vie d'un rayon de bonheur. Toutefois, même dans l'ordre intime de ces événements, il ne fut pas sans épreuve. La Providence ne lui accorda les joies de la paternité qu'en lui imposant presque simultanément de douloureux sacrifices ; et mettant, comme elle en ordonne souvent, une tombe bien près d'un berceau, elle ne permit pas que cette aïeule qui au début avait été l'anneau le plus solide et le plus utile de la famille, vît se renouer la chaîne que la naissance de son petit-fils allait prolonger.

Si j'insiste, Messieurs, sur ces détails, c'est que cette phase de la vie de M. de Limairac n'est pas sans importance : elle explique l'homme intérieur ; elle nous montre comment cet esprit sérieux mûrissait chaque jour en présence des contrastes et des déceptions : tandis que d'autres dissipaient follement leur jeunesse, ou se voyaient rapidement entraînés par le courant des carrières poursuivies, lui dans le silence, dans l'intimité, dans l'étude, trouvait l'occasion d'un développement où le cœur, l'intelligence et le caractère revêtaient une nouvelle virilité. Elle dit aussi pourquoi celui qui ne s'était pas abandonné, comme tant d'autres, à l'heure où la fortune le quittait, mais qui, au contraire, se repliant sur lui-même, avait redoublé d'efforts et concentré son action, était recherché dans sa retraite et signalé à l'attention de ses concitoyens.

Les associations savantes, si nombreuses à Toulouse, l'appelèrent à leur collaboration. La première qui s'adjoignit M. de Limairac fut la Société d'Agriculture. Et de fait, le caractère pratique de ses travaux répondait aux goûts et à la grande expérience de notre confrère. Toutefois, il était réservé à l'Académie des Jeux Floraux de mettre en lumière combien dans cet esprit parfaitement équilibré, le goût des Lettres s'accordait avec celui des Sciences.

Vous le saviez, Messieurs, lorsque l'unanimité de vos suffrages l'appela, jeune encore, à venir siéger au milieu de vous ; vous aviez hâte de constater combien les qualités de votre nouvel élu seraient utiles à votre mission.

Sa réception eut tout le caractère d'une fête. Non-seulement M. de Limairac retrouvait parmi vous des amis qui avaient imité ses sacrifices, d'anciens collègues qui avaient partagé ses premiers travaux, mais il venait encore s'asseoir à côté de son vieux père, qui laissait avec joie pénétrer dans son cœur le sentiment d'une douce confraternité.

Vous l'entendîtes alors, avec cette modestie qui ne le quittait jamais, reprendre cette parole qu'il avait volontairement abdiquée. Les pensées austères du magistrat d'autrefois étaient encore là. C'était bien la même élévation philosophique, la même foi religieuse, la même sincérité de conscience ; seulement ces pensées s'étaient embellies dans le silence ; elles vous revenaient revêtues de formes poétiques, et n'étaient ni sans grâce, ni sans atticisme. Jusqu'ici le style des connaissances pratiques, clair, démonstratif, logique, avait été celui qu'il avait ambitionné d'acquérir ; homme utile, il s'était surtout appliqué à rendre saisissable ce qui était du domaine de la réalité. Il cherchait maintenant l'utilité du beau, l'attrait persuasif du bien, et essayait de recouvrir des grâces du langage les problèmes nouveaux qu'il sondait dans l'ordre philosophique et littéraire.

Plusieurs fois, M. de Limairac se fit applaudir dans nos séances publiques. Vous vous rappelez encore la Semonce par laquelle, en 1844, il ouvrit votre concours : étudiant les changements survenus dans notre institution qui, de même que nos mœurs et notre caractère, ont subi les influences du temps présent, il rechercha comment, en vieillissant, nous avions perdu quelques-unes des formes gracieuses et naïves de l'enfance. Son cœur s'attristait en voyant le doute s'introduire dans les Lettres, obscurcir les notions primitives, et il rappelait que le sublime de l'art n'exista jamais que par la perception limpide et sincère de ses rapports avec la vérité. — Il excellait encore à nous rendre, par la parole, le souvenir de ceux que nous avions perdus. Son talent semblait alors secondé par ses qualités personnelles, et, soit qu'il peignît M. de Latresne, ce représentant spirituel et disert d'une société évanouie ; soit qu'il fît revivre l'abbé Jamme, l'homme simple et modeste qui, dans nos luttes révolutionnaires, avait si héroïquement affronté la mort, toujours M. de Limairac parlait du mérite des autres avec une aisance qui témoignait de la bonté de son âme. La variété des nuances se mêlait à l'exactitude des appréciations, et vous laissait sous le charme d'une émotion vraie ou d'une sympathie motivée.

L'heure était pourtant venue où d'autres travaux et d'autres devoirs allaient réclamer toute l'activité de notre confrère.

Le Gouvernement de 1830 avait disparu, et 1848,

démontrant l'impossibilité d'une alliance entre les formes monarchiques et les tendances révolutionnaires,
proclamait la République. Ce jour donnait raison aux
opinions de ceux dont M. de Limairac avait partagé
les convictions. — Il ne fut pas cependant pour lui un
jour de triomphe. — Sa modération naturelle lui faisait peu goûter la satisfaction que procurent les pro-
phéties accomplies, et il comprenait qu'il ne suffisait
plus de répéter : « Je vous l'avais bien dit, » pour
conjurer les dangers de tout genre qui menaçaient les
destinées de la France.

Vous vous rappelez, Messieurs, cette époque sin-
gulière de notre histoire contemporaine !

La République, qui avait laissé parmi nous d'ineffa-
çables souvenirs de sang, et dont les violences se re-
trouvent sensibles encore dans les croyances, dans les
familles, dans les fortunes, en un mot, dans tous les
patrimoines qui attachent l'homme à la terre, appa-
raissait comme une odieuse évocation. — Telle était
cependant la difficulté de ces temps, que ce sentiment,
si universellement éprouvé, s'effaça devant le désir
sincère que tous avaient d'en finir avec les dissen-
sions profondes qui travaillaient notre pays. Sur ce
terrain qui, suivant l'heureuse expression d'un homme
d'Etat célèbre, *« était encore celui qui nous divisait le
moins* (1), » on essaya de marcher; on tenta loyale-
ment la pratique de cette forme de gouvernement ; et,
au début, l'adhésion consciencieuse de ceux qui se
mêlèrent à cette œuvre sembla devoir en assurer la
réussite. Mais bientôt, incident singulier, leur abné-
gation, leurs efforts se heurtèrent à un obstacle im-
prévu; la République devint impossible par le fait
même des républicains. Devant leurs dangereuses

____

(1) M. Thiers.

théories s'évanouirent les espérances conçues; devant le ridicule des utopies, devant la violence des moyens, les plus persévérants hésitèrent, et il fut une fois de plus démontré que l'école révolutionnaire entraînait fatalement la France vers de profonds abîmes.

Alors une réaction énergique se produisit. Elle fut l'honneur du bon sens de notre pays, et, sans doute aussi, la récompense providentielle de tout ce qui vit encore dans notre France de nobles et de sincères aspirations vers le bien. Aussitôt les hommes de tous les rangs prirent les armes; un accord merveilleux, un sentiment instinctif de conservation s'empara des âmes; et, à mesure que le danger devenait plus grand, que les issues de l'avenir semblaient plus étroites, les hommes de cœur, groupés et raffermis, appelèrent au grand jour de la discussion les élucubrations chimériques; une lumière sereine traversa le pays; les moyens que la Révolution avait préparés vinrent seconder l'œuvre du sauvetage; le suffrage universel renouvela nos municipalités, repoussa les listes menaçantes, et remit les destinées de la France aux mains d'hommes sages, chargés de faire oublier les dangereuses folies de leurs devanciers.

Nul ne s'étonna alors que le nom de M. de Limairac fût un des premiers désignés pour concourir à cette œuvre de préservation. Ses sacrifices antérieurs l'y appelaient, j'ose le dire, légitimement. Nommé représentant par le département de la Haute-Garonne, il apporta à l'Assemblée Législative une grande indépendance. La réserve qui, dans les jours de violence, n'est pas la qualité la moins nécessaire pour agir avec succès, s'alliait chez lui à une rare fermeté. Sa vie avait été mêlée aux intérêts de notre province. Non-seulement les questions administratives, agricoles, industrielles, trouvaient en lui un appréciateur éclairé, mais en outre, sa sollicitude avait été éveillée par les besoins des classes pauvres, auxquelles sa charité l'avait sans cesse mêlé. Il connaissait leurs privations, il avait mesuré leur énergie, et souvent aussi, en soulageant leur détresse, il s'était préoccupé des moyens utiles de leur venir en aide. Il était donc tout naturellement un des représentants de ces classes souffrantes, dont les socialistes contemporains exaltaient la misère et irritaient les convoitises. Tandis que les odieuses et hypocrites clameurs des sectaires menaçaient la société, lui, s'alliant à quelques hommes généreux et chrétiens, offrait le concours intelligent d'une expérience acquise dans la pratique des pauvres. Les lois tutélaires qui furent votées en ce temps-là eurent son utile collaboration. Il fut le rédacteur de celle qui eut pour objet le mariage des indigents et la légitimation de leurs enfants naturels, mesure excellente, dont mieux qu'un autre, en sa qualité de président de l'œuvre de Saint-François-Régis, à Toulouse, M. de Limairac dut apprécier l'importance. Mais là ne se borna pas son action. S'il lui fut donné d'attacher plus spécialement son nom à ces efforts généreux, il le mêla souvent aussi à des intérêts importants. Lorsqu'en 1851 la loi sur les douanes fut présentée, M. de Limairac en fut nommé rapporteur. Il montra, dans cette circonstance, les connaissances approfondies qu'il avait de ces arides matières. La lucidité de son exposition, l'aisance de ses répliques, témoignèrent du progrès que son assiduité lui avait fait faire dans les discussions parlementaires; et le vote de la Chambre, adoptant la mesure proposée, se confondit avec les éloges que lui valut l'excellent travail dont il était l'auteur.

M. de Limairac fut donc un membre actif et juste-

ment considéré dans cette assemblée qui dévoila tant
de talents. La bonne foi avec laquelle il sondait les
opinions contraires à la sienne, supposant à ses adversaires la sincérité qu'il avait lui-même, faisait de
lui un auxiliaire utile pour la phalange qui travaillait
au rapprochement des partis monarchiques. Sur cette
question délicate, il abordait les hommes avec ce bon
sens supérieur qu'animait simplement la fermeté de
ses convictions ; et communiquant autour de lui le
désir du vrai et de l'honnête par l'exemple de sa sincérité et de son honnêteté, il activa souvent ce travail d'homogénéité qui ramenait, sur un terrain com-
mun, des opinions qui tout* d'abord paraissaient
divergentes. — Comment se fit-il cependant que les
efforts qu'il tenta dans cette voie devinrent inutiles ?
Vous le savez, Messieurs.

Tandis que toutes les solutions étant ouvertes, l'Assemblée Législative cherchait à faire cesser le malen-
tendu regrettable qui avait donné au pays des institu-
tions qu'il réprouvait ; tandis que, obéissant à ce
mandat tacite, M. de Limairac cherchait la sienne,
et, ici comme toujours, restait fidèle à lui-même et
fidèle à ses principes ; la France, qui depuis 1815
s'était montrée si jalouse de ses libertés, témoignait à
cette heure une indifférence que bien peu d'hommes
avaient le droit de prévoir.

Alors M. de Limairac fut enfermé à Mazas. Il partagea le sort de ses collègues qui avaient suivi la même
voie ; et, contraint de déposer son mandat, il ne conserva aucune des charges dont la confiance de ses concitoyens l'avait publiquement investi.

De nouveau donc il aborda la vie privée. Après les
épreuves qu'il venait de subir, elle lui parut plus at-
trayante encore qu'autrefois. Comme il était sans am-
bition, il ne regretta rien de l'éclat qui l'avait envi-

ronné. Son langage ne trahit jamais des ressentiments qu'il eût considérés comme des faiblesses, et de même que la bonne fortune l'avait trouvé maître de lui, simple et modéré, la mauvaise visitait, à son tour, ce proscrit de bonne grâce et montrait à tous son âme forte et sereine.

A mesure cependant qu'il avait été mêlé aux événements contemporains, un développement nouveau s'était fait en lui; d'une part, ses relations avec des hommes distingués, de l'autre, la pratique des affaires, avaient comme assoupli ses facultés. Il atteignait déjà les hauteurs de la vie, et respirait cette atmosphère limpide du soir, à travers laquelle on mesure mieux les distances parcourues; une considération universelle l'entourait alors ; on jetait les yeux sur lui comme sur un homme dont le passé avait usé, et dont l'avenir devait avoir besoin. Dans un cercle large encore pour une action individuelle, il prêtait généreusement le concours qui lui était demandé, et il voyait venir vers lui, comme vers un centre public, mille affaires et mille travaux. La force se dégageait ainsi de lui, comme la chaleur se dégage d'un foyer. Cela tenait à la grande facilité de son accueil, à la consciencieuse attention qu'il donnait à ses avis, et à l'ordre qu'il maintenait en lui-même. Nos Annales agricoles, dont il dirigeait la rédaction, s'enrichissaient de comptes rendus où une forme excellente s'alliait à la justessse et à l'utilité des observations. Les conseils qui président, à Toulouse, à l'administration de nos intérêts religieux, lui demandaient des lumières; de ses exemples, il animait les premières associations de notre ville, surveillait de grands intérêts personnels, et trouvait encore le loisir de se donner aux devoirs que ses nombreuses relations lui imposaient.—Je le vois encore, dans les réunions de

cette société toulousaine que son caractère méridio-
nal incline plus volontiers à la conversation légère. Il
s'y montrait grave, mais bienveillant; simple, mais
plein de goût; et, aussitôt qu'il avait parlé, les appréciations devenaient plus justes, les questions se géné-
ralisaient, et les frivolités du discours faisaient place
à des entretiens pleins de faits, d'expérience et d'enseignements.

Qui, du reste, mieux que vous, Messieurs, pour-
rait dire ce que sa conversation trahissait de sentiments élevés? Son assiduité à nos séances témoignait
de son goût pour notre institution; ses avis et ses
exemples, de celui qu'il conservait dans ses critiques
ou dans ses encouragements. La solidarité académique
n'était pas pour lui un vain mot; nous n'étions pas
seulement ses confrères, nous étions tous ses amis,
et, bien que le plus souvent une sobriété inhérente à
sa nature le portât à écouter, lorsqu'il triomphait de
sa réserve son expression revêtait une autorité qui
tenait encore du magistrat, lequel ne dit si bien que
parce qu'il dit juste et qu'il dit vrai.

Tel était M. de Limairac; et, à le voir ainsi, nul
ne pensait qu'il fût près de sa fin; il semblait, au
contraire, destiné à compter de longs jours; et lorsque
autour de soi on cherchait un homme préparé à être
le témoin et le guide des époques vers lesquelles nous
marchons, c'était sur lui qu'on jetait naturellement
les yeux.

Combien ces probabilités humaines, que la force et
la santé justifiaient cependant, étaient loin de devoir
s'accomplir!

Les dernières années qui se sont écoulées avaient
été employées par notre confrère au règlement de
certaines difficultés territoriales qui lui venaient des
vastes domaines qu'il possédait dans les Pyrénées.

Obligé de poursuivre devant les tribunaux des con-
testations sérieuses avec les communes qui jouissaient
du droit d'usage dans ses forêts, il eut à déployer un
surcroît d'activité pour concilier ses droits et ceux
des populations limitrophes. M. de Limairac retrouvait dans cette épineuse affaire comme un souvenir
des travaux de sa jeunesse. Il y voyait, en outre,
une question générale, car la chose jugée devait créer
un précédent décisif et réagir sur l'avenir de l'indus-
trie métallurgique si importante dans l'Ariége.

Il se mit donc à l'œuvre comme il le savait faire.
Les veilles ni les fatigues ne furent plus comptées,
et il est à croire qu'il les prodigua trop généreusement.
Quelle que soit la vérité de cette conjecture, il im-
porte peu de connaître les causes d'un malheur,
alors que ce malheur est irrévocablement accompli !
— Ce qui apparut clairement, c'est que Dieu, qui lui
accorda le gain de sa cause, mit son âme à une dernière épreuve en lui interdisant d'entrer en jouis-
sance de ces droits si longtemps contestés,

Frappé presque au jour du succès, il se vit sou-
dain et fatalement perdu. En vain autour de lui le
dévouement, la science, et au-dessus de tout cela l'in-
dicible affection de sa famille, cherchèrent à conjurer
l'orage ; le mal grandit sans cesse ; inflexible dans sa
marche, il déjoua tous les efforts, et montra, presque
au début, à l'œil si clairvoyant de la victime, le but
auquel il tendait. Je n'essaierai pas, Messieurs, de
retracer ce dernier tableau ; trop de douleurs s'y ren-
contrent, trop de navrants souvenirs y restent atta-
chés ; mais je placerai au-dessus du long martyre qui
fut imposé à notre ami, cette sérénité qui ne le quitta
jamais, cette admirable soumission à la volonté de
Dieu qui lui fit faire si courageusement le sacrifice de
sa vie, cette foi pure dont les ailes l'enlevaient à ses

souffrances, car les traits saisissants de cette mort sainte et chrétienne confirment, plus que toutes les paroles, la droiture et l'excellence de cette vie !

C'est à Paris qu'il mourut. Sa famille éplorée l'avait contraint d'aller y chercher des secours. A toutes les déceptions de sa vie, s'ajouta celle que cause la vanité de la science consultée. On lui entendit souvent répéter : « Pourquoi, du moins, ne puis-je mourir chez moi, entouré de mes amis? Portez à tous mon dernier adieu ! » Recueillons, Messieurs, ce souvenir, car il nous était particulièrement destiné.

Toulouse, du reste, a noblemeut payé une dette de douleur à sa mémoire; et lorsque, à quelques jours de là, on le conduisit au tombeau de son père, ses proches, ses amis, ses pauvres, la ville entière suivaient ce deuil, et les représentants du pouvoir, entraînés par un sentiment dont nul ne méconnut la délicatesse et l'à-propos, s'associaient à cet hommage général.

En effet, Messieurs, cette existence avait touché et vivifié bien des choses. Comme l'eau du fleuve, qui communique à ses bords un principe d'activité qu'elle puise en elle-même, elle s'était écoulée pleine de fécondité : aussi, lorsque nous la vîmes tarir, on eût dit que la mort avait frappé le conseil, l'appui, l'affection et la dignité de tous.

Messieurs, après avoir, du fond de mon cœur, ainsi parlé, permettez-moi de rappeler une circonstance que je me reprocherais d'omettre. — L'autorité de la parole qui manque à ce discours n'a point manqué à l'éloge de M. de Limairac. — A peine sa tombe était-elle fermée, qu'un de ses collègues à la Société d'agriculture, Membre éminent de notre Académie, voulut lui rendre un dernier hommage. Un sentiment d'amitié, bien naturel à comprendre, unissait ces deux hommes qu'avaient sans cesse rapproché, malgré la diversité des âges, les études semblables et la vie publique. Dans ce travail suprême, M. de Panat, à la veille de quitter lui-même une vie que le malheur avait brisée, déploya les qualités si remarquables de son style et de son esprit. Cet éloge fut comme le testament de cet homme d'élite. Soutenu dans sa rédaction par cette rare énergie qui le maintint debout jusqu'à la dernière heure, il ne put cependant le présenter au public. Il voulut, précieuse et dernière marque d'amitié que je lui dois. me déléguer à sa place, et, coïncidence douloureuse, pleine d'enseignements sur l'inanité de la vie et des bruits qui se font autour de nous! le même jour, presque à la même heure, lorsque les applaudissements qu'avaient excités ces paroles n'étaient pas encore calmés, cette voix, que l'on croyait entendre, s'éteignait ; ces yeux, déjà voilés, se fermaient à jamais, et il mourait lui-même en nous parlant de la mort d'un autre.

Et maintenant j'embrasse dans un même regret ces deux hommes que la Providence a si solennellement réunis. Tous deux furent fidèles à la grande maxime du devoir; tous deux excellents dans la vie, tous deux fermes à leur dernière heure, laissent dans nos rangs un vide que nous ne saurions facilement combler. Oui, longtemps encore l'Académie cherchera des esprits aussi élevés, des convictions aussi généreuses, des initiatives aussi fécondes, des appuis et des conseils aussi utiles à sa mission littéraire.

Et cependant, en cet instant, de douces espérances succèdent à ces douloureux sacrifices. — A vous, Monsieur (1), est réservé l'honneur, non pas de con-

____

(1) M. Octave Depeyre.

soler l'Académie, mais d'adoucir ses regrets. Elle voit revivre dans l'indépendance de votre caractère et dans l'élévation de vos sentiments une partie de ce qu'elle aimait dans votre prédécesseur. Elle reconnaît en vous une valeur morale, que double un brillant talent. Cette voix éloquente que toujours vous mettez au service des causes justes et légitimes, va nous montrer toutes les compensations qui nous sont réservées; elle nous prouvera aussi que l'immortalité académique qui reçoit si souvent des explications dérisoires, et dans ce jour de si cruels démentis, trouve cependant une explication naturelle lorsqu'elle représente l'immortalité des principes et des croyances, qui semblent, en effet, se transmettre dans ce moment solennel, de l'âme de celui que nous pleurons à l'âme de celui que nous accueillons avec espérance.

Toulouse. Impr. de CHARLES DOULADOURE, rue Saint-Rome, 11.